Francesca Sciarrone

Vieni e seguimi...

Francesca Sciarrone

Vieni e seguimi...

Per una riflessione comunitaria

Edizioni Sant'Antonio

Imprint
Any brand names and product names mentioned in this book are subject to trademark, brand or patent protection and are trademarks or registered trademarks of their respective holders. The use of brand names, product names, common names, trade names, product descriptions etc. even without a particular marking in this work is in no way to be construed to mean that such names may be regarded as unrestricted in respect of trademark and brand protection legislation and could thus be used by anyone.

Cover image: www.ingimage.com

Publisher:
Edizioni Accademiche Italiane
is a trademark of
International Book Market Service Ltd., member of OmniScriptum Publishing Group
17 Meldrum Street, Beau Bassin 71504, Mauritius
Printed at: see last page
ISBN: 978-613-8-39242-2

“Vieni e seguimi…”

Per una riflessione comunitaria

A mio figlio Gabriele

affinché la luce del Bene

illumini sempre i suoi passi.

Presentazione

Può sembrare ardito e anacronistico presentare a degli adolescenti le Beatitudini evangeliche che rappresentano l'inizio del grande Discorso della Montagna, magna carta del cristiano.

Ardito, perché è un discorso serio che Gesù propone a chi veramente vuole essere suo fedelissimo discepolo, anacronistico perché è difficile, nella cultura dominante, parlare di povertà, purezza, misericordia, soprattutto a degli adolescenti...

Nel leggere il testo in questione più volte mi sono chiesto... ma come è possibile che adolescenti riflettano su argomenti così seri ed impegnativi?

Eppure Francesca Sciarrone è riuscita in questo intento con il gruppo di adolescenti, che le ho affidato qualche anno fa, come parroco della parrocchia di S. Nicola in Ganzirri. La lettura di questo scritto mi ha dato una grande conferma...

C'è tanta ricchezza nel cuore dei ragazzi, c'è tanto desiderio di confronto e di crescita nei giovani, basta trovare le persone giuste che sappiano far emergere quanto di buono c'è in ognuno di loro come l'antica e sempre attuale maieutica socratica ci ha insegnato.

In questo caso posso dire che, questi gli animatori da me scelti nel tempo, sono stati veri e propri ostetrici per questi adolescenti.

Padre Antonello Angemi

Parrocchia San Nicolò di Bari in Ganzirri

Arcidiocesi di Messina, Lipari e Santa Lucia del Mela

Prefazione

Sono molto lieto che mi sia stata offerta l'opportunità di scrivere la prefazione di questo scritto-testimonianza. Dopo aver letto il dattiloscritto, ho infatti accettato, con entusiasmo e particolare interesse, di essere il prefatore del testo di Francesca Sciarrone, catechista ed educatrice, assumendomi il compito di coglierne, in modo conciso, gli aspetti più salienti e gli intendimenti.

Dinnanzi all'autrice si pongono le *Beatitudini* di Gesù attestate dal Vangelo secondo Matteo, con la convinzione che esse rappresentano una pagina della "buona novella" facilmente conosciuta, citata, commentata e praticata che si rischia di presumere di conoscere già e di non avere più bisogno di ricominciare a leggerla, meditarla, comprenderla e attualizzarla.

Ma Francesca Sciarrone, pur consapevole di questo, avverte l'esigenza, da esperta conoscitrice del complesso (e uso l'aggettivo complesso per sottolineare la difficoltà di descrivere un modello paradigmatico non banale) mondo giovanile in continua evoluzione, di riproporre la lettura di Matteo nei versetti 3-12 del capitolo 5 ad un gruppo di ragazzini della Comunità della parrocchia di San Nicola di Ganzirri (Messina), con l'intento di far comprendere loro che l'essenza del Cristianesimo sta nel seguire Gesù per entrare nel Regno di Dio; che le *Beatitudini* additano all'umanità assetata di felicità la partecipazione al regno dei cieli che si stabilisce qui sulla terra per completarsi al di là; che le *Beatitudini* sono il proclama del regno messianico: stabiliscono le condizioni per potervi entrare e far parte di una felicità sconosciuta.

"*Vieni e seguimi*" è infatti il titolo che Francesca Sciarrone ha dato alla sua testimonianza. Essere Cristiani è per l'autrice seguire Gesù e questo seguire porta a comprendere tutte le speranze in cui si è mossa la Chiesa nascente.

La proposta di Gesù è l'annuncio del Regno di Dio e l'invito alla sequela.

L'originalità dello scritto di Francesca Sciarrone poggia, a mio avviso, sulla diretta testimonianza, che diviene elemento di analisi comportamentale introspettiva del disagio esistenziale di giovani che avvertono una "certa diversità" socio-culturale rispetto ai modelli proposti dai mezzi di comunicazione pubblici, simboli di un sistema che tende ad annullare la spontaneità e l'originalità del pensiero attraverso la massificazione dei comportamenti e dei costumi.

I giovani testimoniano il timore di essere "diversi" non adeguati al "comune stile di vita" dei loro coetanei. Essi temono la differenziazione, nel senso più negativo, come esclusione e la definizione di individui socialmente estranei e quindi la derisione. Allora mobilitano meccanismi individuali di difesa che portano all'incomprensione e alla "solitudine".

L'intervento del catechista ha quindi per Francesca Sciarrone un importante ruolo nella formazione educativa di essi. E quando dico educativa intendo la spinta verso l'acquisizione della originalità della "propria visione del mondo", della propria personalità, delle proprie scelte.

Poiché è convinzione dell'autrice che il disagio giovanile non ha origine psicologica appare efficace il "rimedio" elaborato dalla nostra cultura nella versione religiosa.

La lettura del Vangelo non è un puro esercizio di teologia ma diviene un momento di confronto e di "verità". E' un invito ad accogliere un modello di vita: il modello evangelico.

La lettura delle *Beatitudini* predicate da Gesù da una montagna alle folle convenute non è un processo mentale astratto di apprendimento di principi

etici ma diviene l'invito all'azione: è "*ortoprassi*". Il messaggio di Joshua, Messia di Israele, acquista la sua universalità. Dalla Galilea, terra di origine e di elezione, esso si propaga e giunge a tutti gli uomini di buona volontà.
Le categorie di amore, salvezza e redenzione sono indicazioni per il raggiungimento durante la vita terrena della consapevolezza da parte dell'umanità del suo ruolo.
Gesù fu deriso e oltraggiato perché considerato "diverso". Il suo sacrificio di croce ha salvato l'umanità e l'ha indirizzata verso il cammino della redenzione e della comprensione cristiana dell'amore fraterno.
Francesca Sciarrone questo lo sperimenta continuamente nella sua "*vita activa*" e con i giovani. Essa entra empaticamente nel loro mondo ascoltando le loro voci, leggendo loro il Vangelo, spiegandolo con metodo, contestualizzandolo, attualizzandolo. "*A Lei non è stata data altra regola se non il Vangelo di Gesù*" (Francesco d'Assisi). Essa sa bene che ciò che fa "*non è che una goccia d'acqua nell'oceano. Ma se questa goccia non ci fosse, all'oceano mancherebbe*" (Teresa di Calcutta).

Prof.Giovanni Caola
Coordinatore della Sezione Simbolica Ebraica e Teosistemi sul Mediterraneo – Centro Europeo di Studi su Mito e Simbolo dell'Università degli Studi di Messina.

INTRODUZIONE

"Vieni e seguimi"

Ogni cristiano è chiamato alla vita missionaria, chiamato ad uscire da sé stesso per donarsi agli altri, rendendosi strumento nelle mani di Dio. E gli strumenti sono costruiti per essere utilizzati... Questa pubblicazione è stata custodita in un cassetto per un lungo periodo o, per lo meno, io avevo pensato di seppellirla, convinta che fosse inutile e dettata solo dall'esaltazione entusiastica di un preciso momento della mia vita. In realtà, dopo che per l'ennesima volta il buon Dio ha steso su di me il manto della sua misericordia, ho deciso, sostenuta dai miei amici, di "uscire allo scoperto" e iniziare a scrivere. Ritengo, però, necessario presentare e aprire la finestra su una porzione della mia vita, quella lavorativa, che ha indiscutibilmente contribuito a modificare il mio sguardo sul mondo e sul mondo giovanile, spingendomi inevitabilmente a pormi tanti interrogativi di fronte ai quali non sempre sono riuscita a darmi delle risposte razionali e risolutive. L'unica certezza incontrovertibile è stata la presa di coscienza che quel contesto lavorativo fosse il tempo e il luogo che Dio aveva scelto per me.

Nel 2005, nell'ambito del mio lavoro, vengo assegnata alla Sezione Specializzata di Polizia Giudiziaria istituita presso la Procura dei Minori di Messina. Una Procura minorile che lavora in silenzio e che fronteggia tante difficoltà nel capoluogo e in tutta la Provincia. Iniziando questa esperienza lavorativa, la prima cosa che mi ha colpita era il discutere astrattamente dei "fascicoli" e la conseguente e legittima necessità di evaderli prima della "scadenza". Fascicoli talvolta copiosi, talvolta scarni. I miei occhi hanno scorso una moltitudine di relazioni redatte dai Servizi Sociali, dal personale sanitario della Neuropsichiatria Infantile, dalle educatrici delle Comunità per Minori. Dalla lettura del carteggio presente all'interno dei fascicoli, emergevano, con sempre più insistenza, espressioni lessicalmente precise, tipo "*ambiente modesto*" oppure "*minore riservato e poco incline al dialogo*"; frasi che si alternavano con espressioni tipo "*scarsa consapevolezza della responsabilità genitoriale*". Ognuno, per la parte di competenza, ha affrontato le innumerevoli e delicate questioni minorili.

Il passaggio dalla teoria alla pratica non ha filtri, è immediato e nel momento in cui varchi la soglia di casa di un nucleo familiare entri all'interno di un universo sconfinato. Il passaggio dalla *carta* alla *persona* è disarmante. Scopri che il ragazzino *poco incline al dialogo*, qualche volta, in realtà, vorrebbe solo essere un po' più abbracciato.

Sono entrata in quel mondo in punta di piedi e ci sono rimasta per quindici anni. E' stato come entrare all'interno di un mondo parallelo. Ho conciliato, giorno dopo giorno, il mio ruolo istituzionale con ciò che il mio cuore mi spingeva a dire a quei ragazzi in difficoltà. La dimensione dello Spirito subentrava quando l'attività istituzionale era terminata, quando c'era giusto qualche minuto per avvicinare il giovane, guardarlo serenamente nel volto e porgergli una parola di speranza, nonostante avesse commesso un reato. Spesso, accanto alla parola *sbirra* pronunciata con disprezzo, c'è stata una vigorosa stretta di mano e, in molte circostanze, tanti sorrisi. Quanti giovani, quante famiglie e quanta sofferenza… Giovani privi di figure di riferimento che non hanno conosciuto il valore di un abbraccio, di un sorriso, giovani che si sono sentiti giudicati dalla società, giovani che hanno vissuto la vergogna per aver commesso azioni sbagliate e, spesso, compiute soltanto per emulare gli adulti di riferimento. Giovani arroccati nella loro presunzione di onnipotenza, camuffando, in realtà, una grande dose di fragilità e di paura. Ma mostrarsi timorosi, in certi contesti, non è ammesso e talvolta accanto all'azione criminosa si è eviscerato il vero senso delle azioni compiute. L'amarezza nell'ascoltare le motivazioni che li hanno spinti ad agire, *solo* per affermare il proprio senso di superiorità, *solo* per il gusto di fare del male e di danneggiare, *solo* per conquistarsi il titolo di leader all'interno di un branco e l'eco di frasi "*ho agito così perché non avevo niente da fare…*" hanno risuonato a lungo nella mia mente.

Di fronte a tanti sguardi di sfida, il mio silenzio è diventato preghiera.

Ho amato tutti i giovani che ho incontrato, tutti i bambini che ho preso in braccio. Ho visto sguardi disorientati, sguardi di paura, ma ho incrociato anche sguardi di gratitudine. In quei corridoi ho visto sfilare giovani morti nell'anima, fieri di aver fatto del male, talvolta irrimediabilmente persi perché qualcuno gli ha fatto perdere la speranza e li ha resi protagonisti nel male.

Davanti a questi drammi, ho pensato che non fosse reato lasciare agire lo Spirito Santo che, giorno dopo giorno, mi ha reso docile e ha diretto i miei passi e che sempre mi fa tenere sempre lo sguardo rivolto verso il cielo, senza farmi distrarre dalle responsabilità che ho su questa terra.

Quando nel 2014 il sacerdote della parrocchia di Ganzirri, Padre Antonello Angemi mi ha chiesto di diventare operatrice pastorale, ho accolto questa chiamata tra mille insicurezze, e ho detto il mio "Sì".

CAPITOLO PRIMO

IL MESSAGGIO BIBLICO E I GIOVANI

1.1 *In cammino verso l'ascolto.*

Aver porto a degli adolescenti la prima parte del cosiddetto "Discorso della Montagna" ha costituito una grande responsabilità in quanto, proprio per la grandezza e la complessità di questo messaggio biblico, potevo incorrere nell'errore di svuotarlo di significato qualora avessi cercato di argomentarlo attraverso un linguaggio strettamente teologico che, seppur legittimo e plausibile considerando la portata dello stesso, sarebbe stato di difficile comprensione soprattutto perché i miei interlocutori avevano un'età compresa tra gli undici ed i tredici anni. Il messaggio di Gesù è un messaggio dall'apparente semplicità che, per farsi strada nella complessità dell'esistenza dei giovani, necessita di calma e quiete. Esso deve essere, a mio avviso, come l'azione incessante dell'acqua del fiume che, nella leggerezza del suo scorrere, leviga lentamente la pietra smussandone gli angoli, dando ad essa una nuova forma, rendendola "pietra nuova". Tuttavia mi induce alla riflessione anche l'immagine del fiume in piena, che nel suo tumultuoso fluire, trasporta tutto ciò che incontra, che mescola e confonde tutto, che non risparmia niente e che travolge ogni cosa. Due immagini in contrapposizione. La prima immagine evoca calma. La seconda, invece, il tumulto. In tutte e due i casi, l'acqua trasforma il paesaggio con il quale viene in contatto, e soprattutto, modella le pietre. Ma nello sconvolgimento che provoca la piena del fiume si mescolano sabbia e pietre in un flusso indistinto che, impattando, sgretola le rocce, crea spigoli e procura crepe, modificandone la morfologia. Nasce una nuova forma rispetto a quella originale, e, sicuramente, si creeranno nuovi spigoli. Ma, anche su questi, l'azione silenziosa dell'acqua opererà, levigandoli, arrotondandoli, per far nascere ancora una volta una forma nuova. Per fare spazio a Gesù, e soprattutto, per riconoscere la sua presenza nella nostra vita, occorre far sedimentare l'acqua tumultuosa, lasciar decantare tutti gli affanni, tutta la confusione ed i disordini vissuti nelle dinamiche della quotidianità e riuscire a riservarsi un tempo per Lui, un *tempo* in cui poter iniziare un dialogo personale, intraprendendo un viaggio di ascolto e di comprensione dei segni della sua presenza nella nostra vita. Il messaggio di vita cristiana che trova in Gesù Cristo il paradigma assoluto, deve essere filtrato e trasmesso ai giovani cercando il *loro cuore*. L'educazione, diceva Don Bosco, è "*cosa del cuore*". I giovani che frequentano questo corso di catechismo parlano liberamente, non si sentono giudicati. C'è reciprocità nell'ascolto e l'arricchimento spirituale è reciproco. Don Bosco, affermava, "*ricordatevi, che ogni cristiano è tenuto di mostrarsi edificante verso il prossimo, e che nessuna predica è più edificante del buon esempio*". Ognuno di noi è in cammino e nessuno può erigersi a *Maestro*. Unico Maestro è Lui. Gesù Cristo. E' Lui la nostra guida. Lui ci indica la strada, ma non ci toglie gli ostacoli. Compito nostro è quello di trasformare gli ostacoli in possibilità. La scelta di questo titolo "*Vieni e seguimi*" nasce dall'invito che Gesù fa ad ognuno di noi. Spesso dimentichiamo che il Signore si rivolge a noi e ci invita ad operare delle scelte. Seguirlo rappresenta la sfida più grande per noi cristiani. Quel "*Vieni e seguimi*" che al lettore cristiano sembra presentarsi come un chiaro invito, potrebbe apparire ad altri, al contrario, come un mero luogo comune o peggio ancora una triste frase preconfezionata da sfoggiare all'occorrenza. La risposta che l'uomo dà, cambia a seconda che si percepisca la perentorietà del comando o la dolcezza dell'invito. La chiamata è comunque chiara, diretta ed universale.

Nel Vangelo di Marco, cap.10, 17-22 si legge: "[17]*Mentre andava per la strada, un tale gli corse incontro e, gettandosi in ginocchio davanti a lui, gli domandò: «Maestro buono, che cosa devo fare per avere in eredità la vita eterna?».* [18]*Gesù gli disse: «Perché mi chiami buono? Nessuno è buono, se non Dio solo.* [19]*Tu conosci i comandamenti: Non uccidere, non commettere adulterio, non rubare, non testimoniare il falso, non frodare, onora tuo padre e tua madre».* [20]*Egli allora gli disse: «Maestro, tutte queste cose le ho osservate fin dalla mia giovinezza».* [21]*Allora Gesù fissò lo sguardo su di lui, lo amò e gli disse: «Una cosa sola ti manca: va', vendi quello che hai e dallo ai poveri, e avrai un tesoro in cielo; e vieni! Seguimi!».* [22]*Ma a queste parole egli si fece scuro in volto e se ne andò rattristato; possedeva infatti molti beni*".

Fa riflettere l'anonimato dell'interlocutore di Gesù, infatti, nel Vangelo si legge che "*un tale*" gli si avvicinò prendendo, però, la dovuta distanza nel momento in cui la risposta di Gesù, non è coincisa con ciò che quel tale voleva sentirsi rispondere. Dietro quel *tale* ci siamo noi e come quel *tale* anche noi possiamo aderire solo esteriormente al comportamento da cristiani; in fondo, quel *tale* gli si era persino inginocchiato innanzi, quindi, esteriormente, piegando il suo ginocchio, sembra riconoscerlo come il Messia ma, di fatto, non lo accoglie, anzi, rattristato se ne andrà via perché la strada da percorrere che gli indica Gesù, non è agevole. Quel *tale*, fermandosi all'ascolto empirico di quanto Gesù gli chiedeva, vendere cioè i propri beni, le proprie cose ai poveri, si scoraggia e si allontana *scuro in volto*. Gesù invita e non comanda, e, come ogni invito, lo si può declinare o accettare.

Beati coloro che, fidandosi di Gesù, si affidano totalmente a Lui, accettando l'invito a seguirlo.

Gesù non si limita solo a rivolgere inviti, ma ci vuole talmente bene che ci indica anche la strada da percorrere per entrare nel Regno dei Cieli.

Nel corso della sua esistenza terrena, Gesù ha parlato spesso ai singoli e alle folle, e, agli inizi del suo ministero pubblico, il Vangelo di Matteo pone un grande discorso, noto come "Il Discorso della montagna". A me piace immaginare che il Galileo, seguito da una grande folla, abbia percorso le strade della Galilea e, raggiunta una montagna, abbia pronunciato parole salvifiche. Questo "Discorso" è il manifesto della vita cristiana, è l'invito più grande che Gesù abbia rivolto agli uomini. Un Discorso lunghissimo che contempla, proprio nel suo incipit, un elenco di beatitudini attraverso le quali, Gesù ha voluto ammaestrare, avvertire, consolare e indicare la strada per ricevere in dono il Regno dei Cieli. Questo è il momento escatologico e salvifico. E' il momento della ricompensa alla sequela *«Io sono la Luce del mondo; chi segue me, non camminerà nelle tenebre, ma avrà la luce della vita»*. (Giovanni 8, 12-20). Vedendo le folle, il Galileo salì sulla montagna e, una volta raggiunta la sua sommità, gli si avvicinarono i suoi discepoli e, messosi a sedere, si rivolse a loro iniziando a ***beatificare*** con le sue parole i poveri in spirito, gli afflitti, i miti, gli affamati, i misericordiosi, i puri di cuore, gli operatori di pace, i perseguitati, svelando, per ognuna di queste categorie di persone, la ricompensa in risposta al loro atteggiamento e al loro comportamento. Gesù ha ammaestrato con queste parole:

(Matteo 5, 3-12) - "*Beati i poveri in spirito, perché di essi è il regno dei cieli.*
Beati gli afflitti perché saranno consolati.
Beati i miti perché erediteranno la terra.
Beati quelli che hanno fame e sete della giustizia, perché saranno saziati
Beati i misericordiosi, perché troveranno misericordia.
Beati i puri di cuore, perché vedranno Dio.

Beati gli operatori di pace, perché saranno chiamati figli di Dio.
Beati i perseguitati per causa della giustizia, perché di essi è il regno dei cieli.
Beati voi quando vi insulteranno, vi perseguiteranno e, mentendo, diranno ogni sorta di male contro di voi per causa mia. Rallegratevi ed esultate, perché grande è la vostra ricompensa nei cieli. Così infatti hanno perseguitato i profeti prima di voi.".

Proprio quest'ultima parte, che io definisco *nona beatitudine*, è stata la spinta che ha determinato la stesura di questo saggio. Quel *beati voi* è diventato il punto di partenza di un cammino straordinario.

Questa semplice esperienza di vita parrocchiale è diventata testimonianza di come un ostacolo, presentatosi durante lo svolgimento di un incontro di catechesi, si sia tramutato in possibilità di *incontro*, *l'incontro* per eccellenza, l'incontro con Gesù Cristo. Egli ha permesso la nostra persecuzione e, attraverso la sofferenza dei miei ragazzi a seguito della derisione da loro patita, ci ha guidati verso l'ottenimento di un bene superiore. Abbiamo sperimentato come dietro l'offerta di una strada più semplice proposta da altri giovani lontani dal nostro cammino, ci sia stato il chiaro intento di provocarne l'interruzione. Ecco perché quel *beati voi*, proferito da Gesù e da noi trasformato in *beati i giovani*, ha assunto il ruolo di beatitudine guida.

La meta da noi raggiunta sarà chiara al lettore paziente che vorrà seguire le tappe del nostro cammino.

1.2 *Sul fallimento e l'abbandono.*

L'incipit di questa coraggiosa pubblicazione ha la sua radice nell'esternazione di un sentimento di insofferenza emesso, con flebile voce, da una ragazzina durante lo svolgimento di un consueto incontro di catechismo. Il nostro non era un gruppo numeroso, anzi, rispetto al bacino di adolescenti che offre il quartiere, erano veramente pochi. Ma l'esiguità del numero dei partecipanti agli incontri parrocchiali non ha fermato il servizio e la nostra forza è stata dettata dal *camminare insieme*, camminare come i discepoli di Emmaus, mettendoci l'uno accanto all'altro e con Gesù accanto a noi. Il nostro incontro, quel sabato pomeriggio del mese di febbraio, si è aperto con una precisa domanda: "In questa settimana, siamo stati portatori di pace? Abbiamo operato con carità nel nostro quotidiano?". Ammetto, con un sorriso, che le risposte fornite dai ragazzini contribuiscono sempre a creare un clima di festa perché tutte le esperienze vissute nell'arco della settimana e che rappresentano la loro quotidianità sia scolastica che familiare, durante i nostri incontri si colorano e si accendono di sfumature paradossali e comiche, con ricostruzioni mimiche di situazioni e di personaggi che farebbero gola ai migliori registi e commediografi! Quel pomeriggio, la mia cara ragazzina era arrivata puntuale come sempre, ma teneva le mani in tasca e non riusciva a rimanere seduta in maniera composta. Alla mia domanda circa la natura di questa irrequietezza mista ad impazienza, lei mi ha risposto che era depressa perché i suoi compagni di classe la deridevano in quanto "*così grande, frequenti ancora al catechismo*!". Frase lapidaria e incisiva che per qualche secondo, ha congelato l'ambiente gioioso. Qualche secondo che, però, è stato sufficiente per cristallizzare nella mia mente il volto di otto ragazzini che, abbassando la testa e non incrociando il mio sguardo, unanimi hanno ammesso: "*E' vero.*

Anche per noi è così". La semplicità di queste affermazioni ha scosso profondamente la mia coscienza di catechista, di educatrice, di mamma. Si comprende chiaramente che queste frasi racchiudono il dramma esistenziale di tutti quei giovani che sentono in cuor loro di voler continuare il loro cammino di crescita umana e spirituale ma lottano contro chi li giudica, contro chi li ritiene stupidi sol perché si impegnano ad improntare la loro vita sull'esempio di Gesù e sull'esempio di chi ha condotto una santa vita. Sono circa sessanta i minuti che dedichiamo al nostro incontro, sessanta minuti che tra riflessioni sulla Parola, dialogo e confidenze, trascorrono con disarmante semplicità. Una semplicità che non è superficialità, una semplicità che non è miseria, ma al contrario, è ordine, chiarezza e soprattutto profondità. Le valutazioni circa la serietà e la profondità delle riflessioni nate in quella sede, le lascio al lettore, le lascio ai genitori di questi ragazzi, le lascio a tutti coloro hanno un cuore attento e sensibile, a tutti coloro che non si fermano alle apparenze. E' in quel preciso momento che si presenta nella mia mente il "Discorso della montagna", in particolare, quando Gesù proclama: "*Beati voi quando vi insulteranno, vi perseguiteranno e, mentendo, diranno ogni sorta di male contro di voi per causa mia. Rallegratevi ed esultate, perché grande è la vostra ricompensa nei cieli*".

Ho impattato in maniera forte con il loro disagio percependo la loro amarezza. Di fronte a questo scoraggiamento, ho pensato che in quella piccola saletta parrocchiale si stava vivendo un dramma. Ho compreso che bisognava dare voce a questa loro sofferenza e a questo loro disagio; ho percepito che qualcosa di diverso nella dinamica del nostro incontro si stava manifestando. Immediata, nel mio cuore, la consapevolezza che quello che stava accadendo fosse un segno importante, e che dovessi continuare a *seminare il campo*. Da qui, da questo sconforto, da questa tentazione di abbandonare il cammino perché derisi dal mondo, è nato un cammino entusiasmante. La mia risposta è stata univoca: "...coloro che vi deridono non sanno a cosa stanno rinunciando ma saranno sempre in tempo per ricredersi e noi, comunque, li aspetteremo e li accoglieremo sempre!".

1.3 *Derisione e consapevolezza.*

Nella mia esperienza lavorativa ho incontrato giovani emarginati dalla società per comportamenti deviati e, paradossalmente, analoga emarginazione la stavano subendo i miei ragazzini e non certo per un comportamento deviato!

Non ho permesso ad alcuno di spegnere l'entusiasmo e la gioia di questi giovani. E' in questa circostanza che "Il Discorso della Montagna" si è presentato con tutta la sua forza e la sua Verità in maniera concreta nella mia vita e nella vita di questi ragazzi. Gesù ha permesso che questo avvenisse affinché potessimo iniziare un cammino che ci permettesse di trasformare quell'ostacolo in opportunità. Superato il momento di sconforto, ho rasserenato i ragazzi valorizzando la loro presenza in quel luogo, facendogli notare come loro stessero rappresentando la perfetta antitesi alla logica di quella porzione di mondo giovanile che segue pedissequamente le mode e le tendenze del momento. Questa derisione è stata il punto di partenza, il fulcro attorno a cui ha ruotato la nostra riflessione. Sentirsi derisi, umiliati e mortificati sol perché si sceglie di vivere nella vera Gioia. La *logica del mondo* che considera più forte colui che deride, in questa circostanza, stava trasformando in disvalore le scelte di vita di otto ragazzini che avevano scelto di proseguire un cammino cristiano, e, sminuendo e ridicolizzando questa volontà di cammino, si stava insinuando nel loro cuore una sorta di destabilizzazione, una volontà di abbandono. Alla luce di questa situazione, inizio la riflessione con i miei ragazzi: non sarà che lo schernitore maligno e crudele ha paura di essere felice? Deride e quindi ride.... Ma questa risata è sinonimo di insicurezza e non di forza, di viltà e non di coraggio. Questi giovani sono stati *coraggiosi* poiché hanno lasciato intatta e hanno difeso la loro identità, senza lasciarsi fuorviare da strade apparentemente più comode. Avere operato questa scelta non ha significato collocarci *fuori* dal mondo ma, al contrario, ha dato valore e consistenza al nostro vivere *nel* mondo. Nell'ottica della logica del *più forte*, la derisione è il luogo in cui punto di partenza e punto di arrivo coincidono, ove esiste e insiste un ego che si gonfia e che si pavoneggia per il suo successo proprio perché è riuscito, insinuandosi in maniera maligna e subdola, a togliere stabilità.

L'aspetto più sconcertante della derisione è la profonda ferita che provoca nel cuore di un giovane in crescita. La banalizzazione e la ridicolizzazione di un comportamento che è indice di una precisa scelta di vita, di un cammino cristiano o di una possibile vocazione che il giovane potrebbe, forse, custodire nel profondo del suo cuore, amplifica e conferisce valore negativo ad asserzioni quali "*non penserai mica di farti suora*" oppure "*quello vuole fare il prete!*". E' questo lo scandalo! Ossia, il far credere che sia sconveniente o, peggio ancora, riprovevole e mortificante, scegliere questo cammino. Anche Gesù nel Vangelo è stato deriso. La derisione patita da Gesù procede per gradini ed è crescente, raggiungendo il suo apice proprio nel racconto più sofferto e dolorosissimo, ossia la sua Passione. Lì, tutti coloro che passavano lo ingiuriavano, scuotendogli il capo e sfidandolo proprio sulla vita, sulla possibilità della sua salvezza: "*se sei il Figlio di Dio, scendi giù dalla croce!*" (Matteo 27,39-40). Il culmine della sfida è la messa alla prova di fronte al bene più prezioso: la vita. Conservare la vita. Derisione che, umanamente, suscita nell'uomo comune il desiderio di rivalsa per cui immediata reazione potrebbe essere il "ti faccio vedere io!". Invece Gesù è stato obbediente e ha avuto fiducia nel Padre suo. In Gesù, la derisione subìta è diventata strumento attraverso cui egli ha dato l'esempio di accettazione e ubbidienza alla Volontà del Padre. Nonostante in Gesù ci sia stata la tentazione nel chiedere al Padre di allontanare da sé quel Calice, poi, passando dalla resistenza alla resa, si rivolge al Padre con totale fiducia e, in pieno abbandono, rivolge a Lui parole di piena obbedienza: "*sia fatta la Tua Volontà*". La derisione ha come netta antitesi la perseveranza. Proprio la perseveranza ci ha reso speciali davanti agli occhi di Dio, facendoci avanzare con umiltà e amore in questo cammino. La perseveranza, ci ha resi privilegiati. La derisione rappresenta la tesi di partenza. Atteggiamento antitetico è la perseveranza. A rigor di logica, fra la derisione che implica desistenza e fuga, e la perseveranza, che invece costruisce, deve sussistere una sintesi, ossia un livello più alto che concili queste posizioni antitetiche. La derisione non ha distrutto questi cuori forti. La derisione non ha attecchito e soprattutto non ha dato gli effetti sperati, proprio perché siamo rimasti ancorati al nostro cammino di Fede. La derisione innesca e stimola la fuga, il tradire Gesù, il negare la sua esistenza, il rinnegarlo. Ecco perché la perseveranza rappresenta l'antitesi. Perché, nonostante la difficoltà che è scaturita dalla derisione, perseverando, abbiamo dato uno schiaffo all'ingiustizia subìta, uno schiaffo a chi voleva che lasciassimo il cammino, uno schiaffo alla volontà di chi pensava di farci desistere. Il luogo privilegiato ove trova forza la perseveranza è il nostro cuore. Lì, avviene la sintesi fra questi due elementi fortemente antagonisti. *Vieni e seguimi*... la sintesi nasce nel nostro cuore, un cuore che tiene sempre di fronte a sé la tentazione della fuga, ma la guarda, la osserva, la conserva lì sapendo che questa è la prova più grande. La derisione che si subisce, è portatrice di morte perché spegne ogni entusiasmo, soffoca la vitalità, mortifica e produce una mutilazione in virtù dello smorzamento della fiamma d'Amore, della fiamma del Bene, insita in ognuno di noi. Ma proprio la derisione, dal connotato squisitamente negativo, ha inconsapevolmente incoraggiato la nascita di quanto era custodito in forma embrionale in ognuno di noi. Basta guardare la derisione con gli *occhi giusti* e trasformarla in azione perfettamente antitetica rispetto alle intenzioni distruttive che l'hanno generata. Noi non siamo stati come quel *tale* che sconfortato si allontana da Gesù, ma, al contrario, la nostra risposta è stata azione viva e veritiera.

CAPITOLO SECONDO

OCCHI GIUSTI E… SGUARDO DI DIO

2.1 *Storia di un incontro.*

Nel tentativo di rendere più intellegibile il senso di questi "*occhi giusti e...sguardo di Dio*", il lettore non si dispiacerà se all'interno di questo percorso, ho voluto compiere una breve digressione, raccontando alcuni aneddoti strettamente personali che, da più di un trentennio, ho tenuto e tengo sempre presenti nella mia vita. Gli *occhi giusti* di cui parlo, sono gli occhi che ho voluto sempre cercare, gli *occh*i che sento sempre su di me. La fiducia di Padre Antonello nell'affidarmi qualche anno fa il gruppo dei bambini del post comunione, l'ho vissuta come un'ennesima grazia nella mia vita. Mi sono sentita una privilegiata perché, incontrando questi timidi ma ricchi cuori, ho ripensato a quando, nel lontano 1984, il sacerdote Padre Gulletta, responsabile dei ritiri spirituali organizzati dalla Congregazione delle Ancelle Riparatrici, mi ha scritto un bigliettino la cui frase non ho mai cancellato dalla memoria: "Non ti accontentare del fumo e cerca l'arrosto…". Non nascondo la delusione alla lettura di questo biglietto anzi, a dire il vero, mi ero proprio offesa. Come si permetteva a dirmi quelle parole avendomi conosciuta solo per pochi giorni? Non è questa la sede per far conoscere al lettore le meraviglie che il Signore ha fatto nella mia vita, ma quello che allora mi era sembrato un giudizio severo e inopportuno, interpretato con i miei occhi da preadolescente come se io fossi una ragazzina superficiale, alla fine è stato il filo conduttore di tutta la mia vita. *L'arrosto* conseguito con la mia Laurea in Filosofia era buono, ma ancora il fumo non mi faceva vedere il disegno intero e avrei dovuto camminare ancora prima di riuscire a capire tutto nella sua interezza, e cammino ancora!

A distanza di molti anni da quel lontano 1984, mi imbatto in una confessione che mi ha rivoluzionato. Presso la Basilica di Sant'Antonio di Messina, nel confessionale, incontro un sacerdote rogazionista, Padre Mario Germinario, teologo, che al termine dell'atto penitenziale, mi ha regalato una sua pubblicazione recante il titolo "*Se l'uomo non più domanda e Dio non più risponde*". All'interno, mi ha scritto una dedica: "*Alla mia amica Franca, perché interpreti la sua vita come un progetto di Dio da portare a compimento*". Questa dedica, il cui valore spirituale estendo e condivido universalmente, la tengo bene impressa nella mia mente e affiora in tutti i momenti in cui faccio esperienza di situazioni che ai miei occhi appaiono paradossali e incomprensibili, ma che rafforzano la mia Fede e la mia fiducia in Gesù Cristo.

Nel momento in cui avviene il passaggio da semplici "esperienze religiose" a "esperienze di fede", tutta la propria esistenza viene, per così dire, rivisitata alla luce di quella *presenza* che ci affianca ma della quale, occorre farne, appunto, esperienza personale. Si può aderire esteriormente alla liturgia, ai raduni, ai momenti di preghiera, ma il salto di qualità si realizza nel momento in cui inizi ad avere una nuova consapevolezza e ti lasci guidare da quella mano invisibile che ti orienta, ti sostiene, ti guida. Non credo che bisogni necessariamente patire eventi drammatici o sofferenze atroci per incontrare Gesù Cristo perché la conversione, ossia il cambiamento di prospettiva dalla quale guardare la propria vita, avviene nel momento in cui la rivisitiamo ponendola alla Sua presenza, nel momento in cui lasciamo agire lo Spirito Santo, nel momento in cui scopriamo quanto la nostra vita sia unica ai suoi occhi. In quel momento avviene l'incontro con Gesù Cristo. Ecco gli *occhi giusti*.... Aver gli occhi di chi si immerge nell'Amore di Cristo, di chi diventa consapevole di essere prezioso agli occhi di Dio, di chi cerca di portare a compimento il progetto che Dio ha pensato per ognuno, e, anche se spesso non comprendiamo bene il senso della nostra vicenda personale, con Lui nella nostra vita ne conosciamo la direzione perché solo l'Amore ci orienta. L'aneddoto che ha portato alla stesura di questo breve saggio rappresenta l'esempio di come, perseverando, abbiamo seguito il Bene e abbiamo lasciato emergere la mitezza che è insita in ognuno di noi. La mitezza ci ha consentito di ignorare il male ricevuto, la derisione, e ci ha permesso di porgere l'altra guancia, rispondendo al male con il bene.

La prima forma di bene che si è manifestata è stata la perseveranza.

Perseveranza nell'ascolto della Parola, perseveranza nel credere che noi, granelli di senape potessimo diventare *grandi*, perseveranza nella presenza agli incontri settimanali, perseveranza nell'assoluto convincimento che quella fosse la strada giusta da percorrere insieme. Nasce, in tal modo, il progetto di elaborare le *nostre beatitudini*, dando voce con straordinaria semplicità al nostro desiderio di indicare la strada ad altri giovani. Senza alcuna superbia o pretesa di esaustività, la nostra umile riflessione sulle beatitudini evangeliche ci ha condotto ad elaborarne altre, trasformando le ore pomeridiane di quel sabato, in qualcosa di straordinario che avrebbe costituito un autentico spartiacque. Andando controcorrente, non abbiamo avuto *paura della tenerezza!* Fagocitando nel nostro cuore questo messaggio significativo che Papa Francesco ha rivolto al mondo intero, noi, lo abbiamo trasferito e adattato alla nostra realtà. Coloro che hanno deriso i miei ragazzini hanno avuto *paura della tenerezza*, paura di sentirsi voluti bene da Dio, paura di confrontarsi con le proprie miserie, paura di perdere quel senso di onnipotenza che in questa fase giovanile li rende invincibili. Hanno avuto paura del confronto con giovani *senza paura*. Erano otto i ragazzini che frequentavano quest'incontri settimanali. Sicuramente pochi rispetto al bacino di utenza che offre il territorio. E, all'inizio, anche loro facevano la conta dicendo "*siamo pochi*!". Ma Gesù, dicevo sempre loro,

non guarda il numero... perché Lui parla singolarmente ad ognuno di noi e ciascuno, davanti ai suoi occhi, è importante e prezioso.
Il cammino per i giovani e meno giovani è sempre pieno di ostacoli. La religione cristiana, come più volte Papa Francesco ha sottolineato nel corso delle sue omelie, è una religione pratica. Dio non è stato spettatore della vita degli altri affacciandosi dal balcone della sua grandezza, ma si è fatto uomo tra gli uomini, per farci come Lui.
Con questa esperienza abbiamo dato un contenuto alla frase che spesso il sacerdote rivolge all'assemblea a conclusione della celebrazione eucaristica. "*Glorificate il Signore con la vostra vita e andate in pace*". L'assemblea risponde "*Rendiamo grazie a Dio*". Noi abbiamo reso Grazie a Dio e, sulle orme di San Giovanni Bosco, credo fermamente che coloro che hanno la responsabilità delle anime dei giovani hanno l'obbligo morale di contribuire alla formazione di "*buoni cristiani e onesti cittadini*". La nostra forza è stata il Vangelo, questa Buona Novella donata e rivolta a tutti. E' rasserenante pensare che Dio ci lascia liberi. Le Beatitudini proclamate nel Vangelo non hanno, infatti, il sapore dell'obbligo né del comando. Piuttosto, indicano un atteggiamento, una conseguenza, se così si può dire, di chi lascia governare la propria vita da Dio, di chi si affida a Lui, di chi ha Dio nel cuore. Se hai Dio nel cuore sei mite, sei misericordioso, sei felice.
Alla luce di tutto questo, ho maturato il convincimento di non poter più tenere solo per me questo tesoro prezioso, decidendo, anche alla luce di vicende personali, di voler condividere con tutti la bellezza del nostro incontro e la gioia che ne è scaturita dall'elaborazione delle nostre beatitudini, simbolo della purezza di questi cuori giovani.

CAPITOLO TERZO

ALLA SCOPERTA DEL SENSO DELLE BEATITUDINI

3.1 *Viaggio alla scoperta del senso delle beatitudini.*

Gesù, attraverso le Beatitudini, opera un sovvertimento dei canoni di felicità che la società di oggi propone e, per certi versi, impone ai giovani.

3.1 *Beati i poveri in spirito perché di essi è il regno dei cieli.*

"*Vedendo le folle, Gesù salì sulla montagna e, messosi a sedere, gli si avvicinarono i suoi discepoli. Prendendo allora la parola, li ammaestrava dicendo: Beati i poveri in spirito perché di essi è il regno dei cieli.*"

La povertà "in spirito" enunciata in questa prima Beatitudine ci ha portato a riflettere sulla particolare tipologia di povertà e sulla connessione di questa con la felicità. L'essere beati, e dunque felici, pone come condizione l'essere poveri "*in*" spirito. La povertà, nell'immaginario collettivo, è sinonimo di privazione e di mancanza. La povertà della quale ci parla Gesù non è certo l'indigenza né la mancanza di senso dell'humour! La povertà in spirito è l'atteggiamento di chi affida la propria vita a Dio in maniera totalizzante, l'atteggiamento di chi ha lasciato entrare Dio nella propria vita. Ciò non implica una paralisi nell'azione, né il rifugiarsi in atteggiamenti di comodo o frasi che risuonano quasi con tono di superstizione, "*deve pensarci Lui*", ma piuttosto, è l'esatto contrario. Se Dio è entrato nella nostra vita vuol dire che noi, attraverso il nostro agire, diventiamo *pietra viva*, testimonianza diretta. Non è difficile imbattersi negli umili, anche se non si deve confondere l'umile con il falso modesto, cioè colui che solo apparentemente ha un atteggiamento dimesso e composto, ma che in fondo, autocelebra il gesto compiuto riconoscendone la pregevolezza. Il termine umile deriva dal latino "humus", cioè terra, qualcosa che sta, dunque, in basso, per terra.

Il "povero in spirito" è umile, è colui che avverte la piccolezza della sua esistenza di fronte all'immensa grandezza e forza di Dio. Ciò non significa atteggiamento di chi è sottomesso come se fosse intrappolato o irretito in un cieco indottrinamento, ma significa atteggiamento di chi ha accolto Dio nella propria vita, riconoscendolo come creatore. La superbia, l'orgoglio, il senso di onnipotenza non appartengono al povero in spirito. Il povero in spirito è più ricco di un ricco! Ricco perché consapevole dei doni e dei talenti ricevuti da Dio, e, con questa consapevolezza il povero in spirito mette a disposizione degli altri la sua ricchezza spirituale e, se il caso, anche quella materiale. Il povero in spirito sa che le azioni che partono dal suo cuore devono piacere a Dio e non agli uomini. La posta in palio è il Regno dei Cieli.

La forma verbale espressa in questa prima Beatitudine è il tempo presente, a differenza delle successive Beatitudini che si esprimono attraverso la forma del tempo futuro. Il tempo presente, poi, ritorna nell'esortazione che conclude il discorso sulle Beatitudini, abbracciando tutto come se un cerchio si chiudesse. Questa circolarità, a mio avviso, "attualizza" il regno dei cieli. Senza voler stabilire una gerarchia di primato tra le Beatitudini, mi pervade la convinzione che la prima Beatitudine non sia stata collocata lì per mera casualità. Intravedo una correlazione fra il primo comandamento dato da Dio a Mosé, "*Io sono il Signore tuo Dio. Non avrai altro Dio all'infuori di me*", e la prima Beatitudine. L'attualità del Regno dei Cieli si pone in essere nel momento in cui riconosciamo e ancoriamo nel nostro cuore il primo comandamento. Il primo comandamento sganciato dalla prima Beatitudine potrebbe essere percepito da un *cuore giovane* come dogma di difficile comprensione e, forse, anche di complicata accettazione, come se Dio volesse imporre in maniera imperiosa la sua esistenza nella nostra vita. Come proporre questo discorso ai bambini del post comunione? Ecco che ci viene incontro Gesù il quale, per primo affida se stesso al Padre, proprio Gesù è *il* povero in spirito per eccellenza e consegna, a sua volta, il Regno dei Cieli ai poveri *in* spirito.

Il "*sono*" del primo comandamento e l'"*è*" della prima Beatitudine si pongono in una circolarità che colloca l'attualità dell'esistenza di Dio e l'appartenenza al Regno dei Cieli se solo l'uomo avrà riconosciuto Dio come suo Signore, Signore della propria vita. L'incontro Dio-Gesù con l'uomo e dell'uomo con Gesù-Dio è possibile solo se l'uomo interiorizza l'aggettivo possessivo "*tuo*" racchiuso nel Primo Comandamento "*Io sono il Tuo Dio*". L'accostamento dell'aggettivo "tuo" chiarisce la tipologia del rapporto che Dio vuole instaurare con ognuno di noi, vale a dire, un rapporto personale, un rapporto intimo ed esclusivo. Ma senza l'incarnazione del Verbo, il comandamento dato da Dio a Mosè, non poteva giungere a compimento. Senza un atto di fede non si può comprendere il mistero della Trinità, dell'Incarnazione, della morte e, soprattutto, della Resurrezione di Gesù Cristo. "*Beati coloro che, pur non avendo visto, hanno creduto*". Il giovane che matura la povertà in spirito saprà operare nella propria vita il giusto discernimento, senza farsi stordire dall'accumulo di ricchezze e senza farne di esse un idolo. Il povero in spirito è colui che, libero dalla schiavitù della materialità, del potere e del successo, considererà la ricchezza sempre come un mezzo e mai come un fine.

3.2 *Beati gli afflitti perché saranno consolati.*

L'approccio con la seconda Beatitudine è avvenuto con grande cautela in virtù di ciò che Gesù enuncia. Gesù considera felici gli afflitti? Come posso considerarmi felice se sono afflitto e sto soffrendo? Una lettura frettolosa di questa Beatitudine potrebbe indurci a credere che Gesù voglia la nostra afflizione per poi poterci consolare. Questa interpretazione potrebbe essere strumentalizzata da coloro che offuscano la mente dei giovani attuando una inversione dei valori, celebrando e glorificando la cultura della morte che pone le afflizioni, anche corporali, come condizione per raggiungere pienamente la felicità. Questa interpretazione rappresenta il cavallo di battaglia di nuovi stili di vita adolescenziali deviati, entrati con prepotenza nella vita dei giovani, che hanno operato uno stravolgimento, talvolta irreversibile, del senso di questo messaggio cristiano. Un giovane debole potrebbe, senza alcuna difficoltà, essere irretito all'interno di una cultura della morte che celebra la sofferenza, inducendola. I recenti fatti di cronaca mostrano giovani che si procurano afflizioni corporali al solo scopo di mettersi alla prova sfidando il dolore, la paura, sentendosi, in tal modo, felici perché hanno sfidato la vita. Questa sfida inizia con l'imboccatura di un percorso che provocherà dolore e sofferenza e, mediante atti di autolesionismo, in maniera sempre più subdola, saranno condotti al suicidio, alla morte e dunque, paradossalmente, alla felicità!

Questo è, purtroppo, il punto di vista di chi vuole allontanare i giovani da Dio. Gli afflitti cui Gesù si riferisce sono coloro che sono consapevoli di essere bisognosi del perdono di Dio perché si riconoscono peccatori e sono afflitti, non solo per il riconoscimento della loro condizione, ma partecipano la sofferenza di Gesù Cristo, angosciato per i peccati di tutta l'umanità.

3.3 *Beati i miti perché erediteranno la terra.*

Parlare del Regno dei Cieli ci induce, inconsciamente, a proiettarci in una immensità sprovvista di una precisa delimitazione, eterea, ineffabile, all'interno, cioè, di una dimensione scollegata dal mondo terreno. Un cuore giovane percepisce il *Regno dei Cieli* come un obiettivo troppo lontano mentre avverte la *Terra* come una dimensione molto più vicina.

L'accostamento tra il ricevere in dono il Regno dei Cieli e l'ereditarietà della Terra è solo apparentemente in contraddizione. Gesù si esprime nei termini di ereditarietà della Terra sulla base della connessione esistente tra quest'ultima e l'uomo. La Terra come luogo spazialmente delimitato e l'uomo mite che agisce nei riguardi dell'alterità vivente sulla terra. Questa è l'ennesima provocazione che Gesù rivolge ai suoi discepoli. La Terra che erediteranno i miti, non è diversa dal Regno dei Cieli. L'immagine della Terra è collegata all'atteggiamento del mite nei confronti dell'alterità, del prossimo. Gesù utilizza questa espressione "Terra" perché è proprio sulla Terra che si conquista il cielo, è sulla Terra che iniziamo il cammino verso la santità. La Terra, che riceveremo in eredità e che si identifica con il Regno dei Cieli, potrà appartenere solo a coloro che sapranno riconoscere nell'Altro il volto di Dio. Compiere questo salto di qualità, significa essere beati. Il mite non interagisce con l'alterità con violenza e prepotenza, ma crea con l'Altro un canale diverso di comunicazione. E' vero che la mitezza è una qualità che si possiede, ma è altrettanto vero che, nel cammino della vita, attraverso l'ascolto della Parola, ci rendiamo docili al Signore Gesù Cristo; possiamo acquisire la mitezza solo se seguiamo Gesù e se facciamo nostro il suo esempio di mitezza. In fondo, Gesù lancia l'ennesima provocazione all'uomo. Lo stesso concetto dell'ereditarietà rende umanamente più appetibile e credibile il lascito della "Terra". Ma Dio parla attraverso Gesù e utilizza il linguaggio degli uomini. Sa che tra i suoi interlocutori c'è la folla comune ma ci sono anche i suoi discepoli. Il privilegio vissuto da questi ultimi è quello di aver udito le sue parole e di avere visto i miracoli da lui compiuti. Saranno beati coloro che sapranno andare al di là delle parole, coloro che avranno creduto senza avere visto, ma soprattutto coloro che sapranno riconoscere nel fratello il volto di Gesù. Paradossalmente, diciamo di amare Dio ... ma non l'abbiamo mai visto... invece, non amiamo i fratelli perché non sappiamo riconoscere Gesù nel volto del prossimo. La Terra che si eredita è il mondo dell'Amore di Dio, è Dio stesso. Dio ha amato il suo unico Figlio e Gesù ha amato noi…. e noi? Dobbiamo *semplicemente* amare gli altri lasciandoci guidare dall'amore che Dio ha per noi…. Gesù dà risalto all'umanità dell'uomo parlando del mite. A differenza dei poveri in spirito e degli afflitti, con il mite scivoliamo in una dimensione più intima e più profonda dell'essere umano, vale a dire, accendiamo un faro su una dimensione segreta e, per certi aspetti, incomunicabile con le semplici parole, proprio perché le parole potrebbero immiserire la grandezza di un cuore mite. Il mite di cuore, ovviamente, non va confuso con colui che non vuole problemi di nessun tipo, che evita le relazioni sociali o che si allontana da situazioni che potrebbero alterare la propria tranquillità.

3.4 *Beati quelli che hanno fame e sete della giustizia perché saranno saziati.*

Gesù, in questa Beatitudine, ha fatto ricorso alla fame e alla sete, ossia ai bisogni primari dell'uomo richiamando quel senso di sazietà e di grande soddisfazione che si prova nel momento in cui appaghiamo quel desiderio con cibo di nostro gradimento. Gesù considera *beati* coloro che hanno fame e sete della giustizia ma non sempre riusciamo a comprendere pienamente il senso di questa attesa né della sazietà che ne deriverà. In fondo, ancora una volta, la prospettiva della soddisfazione è collocata in una dimensione futura. Costoro saranno saziati solo lassù, ma la questione spinosa è: come affrontare la fame e la sete della giustizia *quaggiù*? Ai nostri giorni, come ai tempi di Gesù, la giustizia che gli uomini sperimentano è la giustizia umana. Le nostre dinamiche relazionali ci spingono spesso a muoverci secondo giustizia, la nostra giustizia. Non è raro sentire espressioni "*è giusto così*" oppure "*giustizia è fatta!*". In qualche caso, la nostra sete di giustizia urla vendetta, rabbia e rancore. Nel panorama infinito della giustizia umana esiste una sfaccettatura che squarcia proprio la certezza della giustizia ottenuta dalle procedure terrene. Esiste una giustizia che fa luce su una verità giuridica e una giustizia che non riesce a far emergere la verità dei fatti. Non sempre verità giuridica e verità dei fatti coincidono, per cui, alla luce di ciò, quale giustizia trionfa quaggiù? La giustizia umana che dà soddisfazione all'uomo è quella che punisce il colpevole, quella che arriva ad emettere una sentenza di condanna sulla base di prove schiaccianti e incontrovertibili. E quando il colpevole è assicurato alla giustizia, tutta l'opinione comune, che se il caso aveva condannato il reo ancor prima della sentenza, esulta. E nel caso di errore giudiziario, come opera la giustizia? Risarcisce. Viene restituita dignità alla persona attraverso una transazione economica quindi, attraverso il denaro, ogni ferita e ogni mortificazione patita viene coperta. Questa, in grande e approssimativa sintesi, la dinamica che avvolge la giustizia umana. Tutti noi abbiamo fame e sete di giustizia, ma in terra, questo desiderio di giustizia urla, in realtà, solo rabbia, vendetta e rancore. Comprendere il senso della fame e della sete di giustizia nell'ottica cristiana, certamente non implica la caccia all'assassino. La fame e la sete della giustizia divina comporta un'inquietudine costruttiva finalizzata alla continua ricerca della volontà di Dio nel nostro quotidiano, per cui, nella ricerca di ciò, non è raro sorprenderci a compiere azioni opposte a quelle che la logica del mondo si aspetterebbe. L'uomo come potrà colmare questa fame? Solo con la carità che, come diceva San Paolo, è paziente e benigna.

Il cristiano deve ricercare la giustizia suprema e a questa potrà arrivare solo non omologandosi alla logica del mondo. Non sempre ciò che è giusto per l'uomo coincide con ciò che è giusto per Dio.

3.5 *Beati i misericordiosi perché troveranno misericordia.*

Per poter comprendere il senso di questa Beatitudine occorre riflettere su quanto riportato nel Vangelo ove si legge "*Come Dio ha amato me, così io ho amato voi*". Lo sforzo richiesto al cristiano è quello di essere misericordioso con il prossimo, anche quando quest'ultimo ci offende, ci ferisce e ci mortifica. L'esercizio della misericordia diventa impossibile lì dove si rimane intrappolati all'interno di meccanismi che alimentano la catena del male, un circuito dal quale a volte sembra impossibile uscirne. L'invocazione contenuta nel Salmo 85,8 "*Mostraci Signore la tua misericordia e donaci la tua salvezza*" è il punto di partenza a partire dal quale riflettere sul cammino che spinge l'uomo ad essere misericordioso. Fino a quando vivremo intrappolati all'interno delle nostre certezze, del nostro egoismo e della nostra presunzione sarà difficile esercitare misericordia gonfi dell'arroganza e troppo impegnati a giudicare gli errori degli altri. Essere misericordiosi con il prossimo potrebbe significare quasi ssere deboli e senza carattere. Dio è misericordioso e ci aspetta per usare misericordia. Coloro che accolgono Dio nella loro vita è perché lo riconoscono come Unico Signore. Nel momento in cui ci prostriamo davanti a Lui e gli consegniamo tutto ciò che siamo, solo allora avremo colto e accolto la misericordia di Dio nei nostri confronti. Alla luce della misericordia che Dio mostra a ciascuno di noi e in virtù della misericordia che Dio esercita su di noi, noi dobbiamo e possiamo usare misericordia verso gli altri. Solo così noi troveremo misericordia. Sentirsi degni della misericordia di Dio, essere misericordiosi con se stessi, non sentirsi perfetti, sforzarsi di avere lo sguardo di Gesù Cristo per comprendere gli altri ed esercitare la stessa misericordia ricevuta. Questo il cammino, questo l'impegno. In questa dinamica talvolta difficile da realizzare e incomprensibile per noi uomini, è racchiuso il mistero della misericordia divina.

3.6 *Beati i puri di cuore perché vedranno Dio.*

Essere puri di cuore è condizione fondamentale per vedere Dio. Ma per realizzare questa condizione dobbiamo ancora una volta prendere le distanze da tutto ciò che può inquinare il nostro cuore. Non è un esercizio facile perché la lotta contro il maligno è quotidiana. Mettendoci innanzi alla Sua presenza, chiediamogli di darci la forza per non cadere in tentazione, manteniamo il cuore innocente riconciandoci con Dio e con i fratelli, senza vergognarci delle nostre debolezze e delle nostre cadute.

Un cuore puro è visitato da Dio.

3.7 *Beati gli operatori di pace perché saranno chiamati figli di Dio.*

L'invito di Gesù è di amarci gli uni gli altri, amando soprattutto chi ci fa del male. Durante la celebrazione eucaristica il sacerdote proclama "*Vi lascio la pace vi do la mia pace*". Forse queste parole si ascolteranno senza realmente sentirle, ma se indugiamo su questa frase e passiamo dall'ascolto passivo all'ascolto attivo, capiamo che Gesù ci ha *lasciato* la pace... ma, questo lascito, sembra non vedersi. Ti chiediamo, o Signore, dove hai lasciato questa pace? Anche lo sguardo più superficiale gettato sulla nostra società non ci rivela alcuna pace, anzi, guerre, miseria e violenze sono sotto gli occhi di tutti. Sembra difficile trovare la pace... eppure il messaggio di Gesù è chiaro. Questa chiarezza sarà evidente nella misura in cui ci soffermeremo a riflettere sulla seconda parte della proposizione sopra citata, e cioè "*vi do la mia pace*". Pur consapevole del suo destino, Gesù ha donato se stesso per tutti noi, senza riserve. Noi, a volte, nel turbinio del nostro quotidiano non riusciamo a capire dove possa essere la pace nella nostra vita! La scoperta della pace del Signore avviene solo quando permettiamo a Gesù di entrare nella nostra vita, quando riusciamo a vedere le meraviglie che Lui in essa ha operato, quando prima di rispondere alle tante provocazioni ci fermiamo un attimo e pensiamo "che farebbe Gesù al posto mio?". Difficile questo esercizio... Ciò non significa fare finta di non avere problemi o sfuggire dalle difficoltà, ma significa affidarsi a Lui nelle battaglie quotidiane, fidandoci di Lui anche quando la pace sembra lontana. Essere operatori di pace significa avere la capacità di mantenere accesa la fiammella della pace di Cristo lì dove il vento della maldicenza e della cattiveria tende a spegnerla. L'operatore di pace invoca lo Spirito Santo, fiamma che guida e sostiene. Essere operatori di pace significa che dobbiamo operare, dobbiamo agire per portare la pace in tutte le dimensioni del nostro agire quotidiano. Ma la pace non è un pacchetto precostituito da offrire nei luoghi in cui non è presente. Papa Francesco durante una meditazione mattutina nella Cappella della Domus Sanctae Marthae ha proferito una frase sulla quale ho meditato a lungo: "*Non esiste l'industria della pace. La pace si fa artigianalmente*". Quindi ognuno di noi è un artigiano. Ognuno di noi costruisce ogni giorno se stesso nella pace e, per essere portatori di pace, dobbiamo essere noi stessi "*pace*". Pace con noi stessi e, quindi, essere portatori di pace perché sperimentata e testimoniata con la propria vita.

3.8 *Beati i perseguitati per causa della giustizia, perché di essi è il regno dei cieli.*

Termina con questa Beatitudine la prospettiva futura che ha contraddistinto le precedenti beatitudini e torna il presente Regno dei Cieli. E' ai perseguitati che appartiene il Regno dei Cieli. Motivo della persecuzione è la giustizia e, certamente, la causa della giustizia è una nobile causa. Il cristiano, l'abbiamo ampiamente descritto, deve ricercare la giustizia suprema e con questa tensione, con questa inquietudine costruttiva di continua ricerca, uniformarsi alla vita evangelica. I perseguitati per causa della giustizia sono tali perché, improntando la loro vita sul Vangelo, portano avanti battaglie che implicano un andare controcorrente, il non conformarsi alla logica del mondo. I perseguitati per causa della giustizia sono coloro che hanno riconosciuto e accolto l'amore di Gesù e alla luce di questa accoglienza e di questo intimo riconoscimento operano con amore, perché è nelle relazioni con gli altri che occorre perdersi, perché è lì che ci incontriamo con Gesù Cristo, è nelle relazioni che ci guadagniamo il Regno dei Cieli.

CAPITOLO QUARTO

BEATI I GIOVANI CHE...

4.1 *Alla scoperta della "nona" beatitudine.*

"Beati voi quando vi insulteranno, vi perseguiteranno e, mentendo, diranno ogni sorta di male contro di voi per causa mia. Rallegratevi ed esultate, perché grande è la vostra ricompensa nei cieli".

Le Beatitudini si capiscono solo vivendole e, questo breve saggio, nato da un'esperienza di vita reale ne è l'esempio. Il disagio e il dispiacere esternato durante quell'incontro di catechesi ha fatto nascere il desiderio di trasmettere ad altri giovani la gioia e la bellezza di quanto noi, nella nostra semplicità, abbiamo sperimentato. Giovani derisi da coetanei e nonostante il beffeggiamento, perseverando e fidandoci di Gesù, abbiamo proseguito il cammino, elaborando quelle che ho arditamente definito "*Beatitudini*". Il Vangelo di Matteo, sempre nel capitolo 5, dopo la proclamazione delle Beatitudini, continua, dal versetto 14 al versetto16, proclamando questa Parola: " *14 Voi siete la luce del mondo; non può restare nascosta una città collocata sopra un monte, 15 né si accende una lucerna per metterla sotto il moggio, ma sopra il lucerniere perché faccia luce a tutti quelli che sono nella casa. 16 Così risplenda la vostra luce davanti agli uomini, perché vedano le vostre opere buone e rendano gloria al vostro Padre che è nei cieli*".

Il pensiero che questa testimonianza potesse servire a porgere la nostra luce ad altri giovani, mi ha spinto a non nascondere questa esperienza, a non tenere nascosto il coraggio di questi ragazzini, la loro forza, la loro speranza, la semplicità e l'incisività dei loro pensieri.

Lontana sia dalla pretesa di aver affrontato in maniera esaustiva la delicata prospettiva offerta dalle Beatitudini sia dall'arroganza di fregiare questi enunciati con questo titolo, ribadisco che, ad attribuirgli questa denominazione mi ha spinto la semplicità e la naturalezza con la quale, trasformando la persecuzione e la derisione, abbiamo scoperto la bellezza del nostro cuore e al tempo stesso la nostra forza. Anche un lettore frettoloso comprenderà che questo non è stato un lavoro tecnico, confezionato ad hoc. Nell'elaborazione delle nostre Beatitudini, come si leggerà, è evidente l'assenza del nesso causale che invece tipicizza le Beatitudini evangeliche; in sostanza, manca il "*perché*" e, nel rispetto del loro pensiero e del loro *sentire*, non ho voluto inserirlo. Perché questa scelta? La risposta è semplice. Giovani in cammino, attenti alla parola, innamorati di Gesù, della sua vita, del suo esempio e che percepiscono la bellezza e la complessità dell'essere discepolo di Gesù. Nell'elaborazione delle *nostre Beatitudini*, questi ragazzini hanno sempre utilizzato il tempo presente. Questa, a mio avviso, è la dimostrazione dell'attualità della loro dimensione. Loro vivono il presente e stanno iniziando a sperimentare la consapevolezza del camminare *con* Gesù e *per* Gesù.

Concludo lasciando al lettore la carezza di questi semplici pensieri che commuovono per la profondità, per l'immediatezza, ma soprattutto per la speranza che comunicano.

4.2 *Le "nostre" beatitudini.*

- Beati i giovani che sanno essere misericordiosi con sé stessi.
- Beati i giovani che non si sentono perfetti.

- Beati i giovani che sanno capire come aiutare una persona in difficoltà.
- Beati i giovani che sanno avere misericordia nell'ambiente in cui vivono.
- Beati i giovani che sanno avere lo sguardo di Dio.
- Beati i giovani che sanno camminare senza calpestare nessuno.
- Beati i giovani che non sono competitivi in maniera spasmodica ma nutrono una competizione sana.
- Beati i giovani che sanno essere compassionevoli.
- Beati i giovani che sanno vivere la propria giornata con passione.
- Beati i giovani che non sono vendicativi.
- Beati i giovani che si sforzano di capire le persone.
- Beati i giovani che tengono impresso nella mente lo sguardo di Dio.
- Beati i giovani che comprendono che le ricchezze che non ti danno tutto.
- Beati i giovani che non ignorano le situazioni difficili.
- Beati i giovani che sanno consolare.
- Beati i giovani che non distolgono l'attenzione dalle cose importanti.
- Beati i giovani che comprendono che la libertà può trasformarsi in schiavitù.
- Beati i giovani che sanno capire quando Dio passa nella loro vita.
- Beati i giovani che pur vivendo in una famiglia povera confidano in Dio.
- Beati i giovani che sanno inginocchiarsi davanti a Dio.
- Beati i giovani che comprendono che le ricchezze non ti assicurano niente se tu non le metti a disposizione degli altri.
- Beati i giovani miti che si avvicinano a Gesù.
- Beati i giovani che riescono ad essere puri di cuore.
- Beati i giovani che riescono a perdonare il male ricevuto.

- Beati i giovani che riescono a creare felicità.
- Beati i giovani che ricostruiscono la loro vita con forza e coraggio.
- Beati i giovani che comprendono che le famiglie povere sono scuola di umanità.
- Beati i giovani che restano miti nonostante le critiche.
- Beati i giovani che hanno fame di Dio.
- Beati i giovani le cui emozioni esplodono dagli occhi.
- Beati i giovani che sono il centro della felicità e della famiglia.
- Beati i giovani che non sporcano il loro cuore con azioni cattive mantenendo pura la loro vita.
- Beati i giovani che puliscono il loro cuore con la confessione.
- Beati i giovani che comprendono che Gesù non aspetta altro che festeggiare la vita con noi.
- Beati i giovani che pur non avendo niente, riescono a sorridere.
- Beati i giovani che sanno amare disinteressatamente.
- Beati i giovani che sanno perdonare e sanno essere puri di cuore.
- Beati i giovani che sanno riconoscere la Volontà di Dio.
- Beati i giovani che, compiendo la Volontà di Dio, diventano luce per il mondo.
- Beati i giovani che utilizzano il loro tempo in azioni buone e fruttuose.
- Beati i giovani che intendono il tempo come un dono di Dio.
- Beati i giovani che colgono il passaggio di Dio nella loro vita.
- Beati i giovani che non si spaventano di fronte a coloro che li denigrano per la loro dolcezza e benevolenza.

Le uniche Beatitudini che i ragazzi hanno elaborato inserendo il nesso causale e riproducendo lo schema stilistico di quelle evangeliche sono le seguenti:

- ***Beati i giovani che sanno seguire la via del Vangelo perché faranno sbocciare la propria vita come una pianta in fiore.***
- ***Beati i giovani che, in ciò che fanno, mettono prima il cuore e poi il cervello, perché sapranno cos'è l'amore!***

La semplicità di questa esperienza parrocchiale vuole essere un'esortazione a non abbandonare mai il cammino nonostante tutto attorno a noi possa spingerci nella direzione della rinuncia e della interruzione. Questo è il messaggio che noi tutti, *Pierfrancesco, Angelo, Pietro, Walter, Gianluca, Marco, Francisca, Sofia, Chiara, Lorena, Carmen, Eleonora, Nicolò, Giulia e mio figlio Gabriele* abbiamo voluto comunicare ad altri giovani e, in un'ottica di condivisione fraterna, abbiamo voluto coraggiosamente porgerlo a tutti.

BEATI NOI…

CHE, GUIDATI DALLO SPIRITO SANTO,

NON ABBIAMO AVUTO "PAURA DELLA TENEREZZA"

E

PERSEVERANDO

ABBIAMO VOLUTO OFFRIRE

UNA PICCOLA TESTIMONIANZA

DI COME

ATTRAVERSO L'ASCOLTO DELLA PAROLA

E ATTRAVERSO LA NOSTRA VITA

ABBIAMO VOLUTO ESSERE

PRESENZA VIVA NEL MONDO,

ESEMPIO PER I GIOVANI E TRA I GIOVANI.

NOTA DELL'AUTRICE

Questo saggio è il coronamento di un cammino iniziato con questi giovani nel 2014, anno in cui, inaspettata, mi è arrivata la *chiamata* come operatrice pastorale. Insieme a Giusy e Davide, abbiamo inaugurato un nuovo modo di *stare* con i bambini del post comunione, bambini che all'epoca avevano circa nove anni. Nel 2015 ho proposto alla mia amica Egle questo cammino, consolidando ancor di più la nostra trentennale amicizia, intraprendendo insieme questo cammino pastorale e coronando l'anno catechistico con un esilarante campo estivo, collaborate da suo marito Armando. Nel 2016-2017, pur avendo iniziato con Egle il cammino, in itinere abbiamo maturato la convinzione di separarci e ho continuato con quei bambini che nel frattempo stavano crescendo in *età, sapienza e grazia*. Abbiamo scelto di continuare il cammino, rinnovando settimanalmente il desiderio di *camminare insieme*. Questa è stata la nostra forza.

Ecco perché tengo particolarmente a sottolineare l'importanza del cammino e non della meta. E' vero che i cammini di fede sono personali, ma è altrettanto vero che il seme piantato nel cuore di questi ragazzini giungerà a maturazione con il contributo di tutti.

Sono grata a Padre Antonello, il quale, definendoci "ostetrici per questi adolescenti", è stato per me una guida spirituale ed un faro nei momenti bui.

Ringrazio il Prof. Giovanni Caola, mio amico fraterno con il quale il dialogo è sempre sincero ed intenso. Grata a lui per il costante incoraggiamento, per la sensibilità e il garbo con cui ha saputo cogliere l'essenza di questo lavoro, fregiandomi dell'onore di volerlo presentare.

Ringrazio Dio per aver posto nel mio cammino questi miei amici e questi ragazzini, ennesima meraviglia nella mia vita.

INDICE

Presentazione 3

Prefazione 4

Introduzione: Vieni e seguimi 7

Capitolo primo: Il messaggio biblico e i giovani 10

1.1 In cammino verso l'ascolto

1.2 Sul fallimento e l'abbandono

1.3 Derisione e consapevolezza

Capitolo secondo: Occhi giusti… e sguardo di Dio 21

2.1 Storia di un incontro

Capitolo terzo: Alla scoperta del senso delle Beatitudini 25

3.1 Beati i poveri in spirito perché di essi è il regno dei cieli

3.2 Beati gli afflitti perché saranno consolati

3.3 Beati i miti perché erediteranno la terra

3.4 Beati quelli che hanno fame e sete della giustizia perché saranno consolati

3.5 Beati i misericordiosi perché troveranno misericordia

3.6 Beati i puri di cuore perché vedranno Dio

3.7 Beati gli operatori di pace perché saranno chiamati figli di Dio

3.8 Beati i perseguitati per causa della giustizia perché di essi è il regno dei cieli

Capitolo quarto: Beati i giovani che… 36

4.1 Alla scoperta della nona Beatitudine

4.2 Le "nostre" Beatitudine

Nota dell'autrice 42

Printed by Books on Demand GmbH, Norderstedt / Germany